LA
PROMESA

LA MARAVILLOSA HISTORIA DE NUESTRO ESPERADO SALVADOR

ESCRITO POR

JASON HELOPOULOS

ILUSTRADO POR

ROMMEL RUIZ

B&H
ESPAÑOL

NASHVILLE, TN

A los niños de la University Reformed Church.
Es un honor servirles y aprender de ustedes.
Oro constantemente para que contemplen a Jesús y se deleiten en Él.

«Cristo es la suma de toda la Biblia, profetizado, tipificado, prefigurado, exhibido, demostrado, encontrado en cada hoja, casi en cada línea, y las Escrituras son como las telas con que envolvieron al niño Jesús».

THOMAS ADAMS

«Piensa en Cristo como la sustancia misma, la médula, el alma y el alcance de todas las Escrituras».

ISAAC AMBROSE

En el principio, Dios estaba allí.
Y Dios creó los cielos y la tierra.

En el primer día
Dios separó la luz de las tinieblas.
A la luz la llamó día
y a las tinieblas las llamó noche.

En el segundo día
Dios creó los cielos de entre las aguas
y Dios separó los cielos de las aguas.

En el tercer día
Dios reunió los mares
e hizo aparecer la tierra seca.
Y Dios hizo todas las plantas, los árboles y la vegetación,
y Dios vio que era bueno.

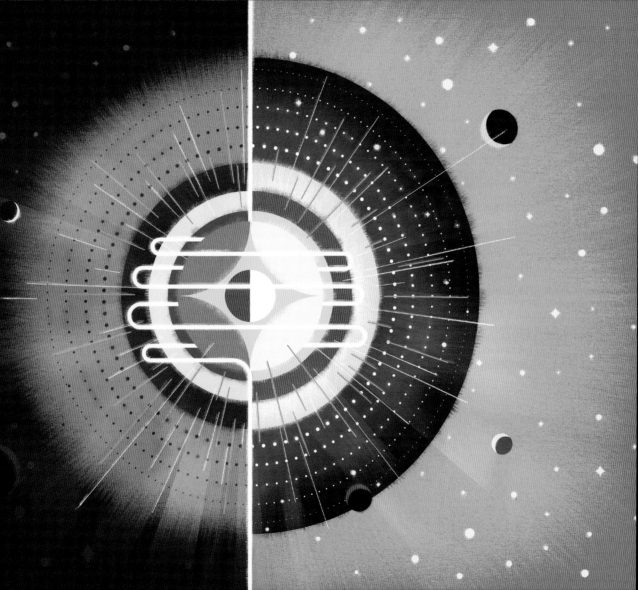

En el quinto día

Dios hizo todas las aves que llenaron el cielo.

Y Dios llenó los mares de peces y grandes criaturas marinas.

Y Dios los bendijo.

En el sexto día
Dios hizo que la tierra produjera toda clase de seres vivos,
el ganado y los reptiles y todas las bestias de la tierra.

Entonces Dios creó al hombre y a la mujer a Su imagen y semejanza—
más preciados que los altos árboles,
las hermosas flores, las poderosas bestias,
incluso las grandes criaturas marinas y las estrellas del cielo—
porque Dios creó solo al hombre y a la mujer a Su imagen y semejanza.

Este hombre y esta mujer disfrutaban de la tierra con Dios.

De hecho, eran amigos de Dios.
Caminaban con Él durante el fresco día.

Y Dios vio todo lo que hizo.
Vio que todo era bueno, de hecho,
era muy bueno.

Hasta que dejó de serlo.

Llegó el peor de todos los días...
un día que los ángeles no podrían haber imaginado,
un día que la humanidad ha lamentado para siempre,
un día del que solo Dios podía salvarnos.

Ese día una serpiente vino con una lengua mentirosa,
y el primer hombre, Adán, y la primera mujer,
Eva, escucharon a esta serpiente mentirosa.

Escucharon sus mentiras y le creyeron a ella en lugar de a Dios.
Y pecaron contra Dios, perdiendo todo.

La humanidad perdió la santidad.

La humanidad perdió la justicia.

La humanidad perdió la vida.

Pero lo peor de todo es que las personas ya no podían estar con Dios.

Dios ya no era su amigo,

porque eligieron no confiar en Dios.

Pero Dios le dio a la humanidad una promesa.

¡Y qué gran promesa fue!

¡La promesa de la salvación!

Prometió que vendría uno que

aplastaría la cabeza de la serpiente mentirosa,

uno que liberaría a la humanidad de su pecado,

uno que restauraría la relación del hombre y la mujer

con Dios.

¿Quién será este?

Tal vez un hombre realmente bueno pueda salvarnos,
un hombre realmente bueno como Noé,
a quien Dios salvó del diluvio para que él y su familia
pudieran volver a llenar la tierra de personas.

Pero Noé salió del arca
y casi inmediatamente pecó contra Dios.
Observamos que ni siquiera un hombre realmente bueno
como Noé puede salvarnos.

Tal vez un gran hombre de fe puede salvarnos,
un gran hombre de fe como Abraham,
el padre de la nación de Israel.

Tal vez un gran profeta puede salvarnos, un gran profeta como Moisés, que sacó al pueblo de Israel de la esclavitud en Egipto.

Pero a Moisés le faltó fe, golpeó la roca dos veces y desobedeció a Dios.

Observamos que ni siquiera un gran profeta como Moisés puede salvarnos.

Tal vez un gran conquistador pueda salvarnos,

un gran conquistador como Josué, que llevó al pueblo a la tierra prometida.

Pero Josué no conquistó como se le ordenó, y dejó al pueblo rebelde en la tierra.

Observamos que ni siquiera un gran conquistador como Josué puede salvarnos.

Tal vez un gran juez pueda salvarnos,
un gran juez como Sansón, que liberó al pueblo de sus enemigos.

Pero Sansón entregó su corazón a una mujer por encima de Dios.

Observamos que ni siquiera un gran juez como Sansón puede salvarnos.

Tal vez un gran rey pueda salvarnos, un rey como Saúl,
que era más fuerte y más alto que todos los demás hombres.

Pero Saúl se dejó llevar por el orgullo. No buscaba la gloria de Dios, sino la suya propia.

Observamos que ni siquiera un gran rey como Saúl puede salvarnos.

Tal vez un hombre según el corazón de Dios pueda salvarnos,
un hombre como David, que amaba y adoraba a Dios.

Pero David cometió un gran pecado con una mujer llamada Betsabé.

Observamos que ni siquiera un hombre según el corazón de Dios como David puede salvarnos.

Tal vez un gran sacerdote pueda salvarnos,
un sacerdote como Elí, que podía hablar con Dios e interceder por la humanidad.

Pero Elí no cuidó bien a sus propios hijos, que se apartaron
del Señor, así que ¿cómo podría cuidar del pueblo de Dios?
Observamos que ni siquiera un gran sacerdote como Elí puede salvarnos,

Si ningún hombre o mujer puede salvarnos,

entonces tal vez confiar en otras cosas puede hacerlo.

Algunos trataron de obedecer la ley de Dios: todos sus Diez Mandamientos y aún más.

Pero no pudieron guardar Su ley de manera perfecta.

Ni siquiera el tratar de obedecer la ley de Dios perfectamente puede salvarnos.

Tal vez los sacrificios requeridos por la ley podrían salvarlos de sus pecados.

Pero aunque trajeron animales para sacrificar, nunca pareció cubrir verdaderamente su pecado.

Ni siquiera la sangre de toros y cabras puede salvarnos.

Todo parecía perdido.

¿Quién o qué puede salvarnos?

Cuatrocientos años de silencio,
y entonces Dios rompió el silencio.
Nació un niño, Emanuel, Dios con nosotros.
Se le dio el nombre de Jesús,
porque salvaría a Su pueblo de sus pecados.

En este niño llegó la promesa.
Él era el que aplastaría la cabeza de la serpiente,
liberaría a la humanidad de su pecado, les daría Su justicia,
obraría en ellos Su santidad y les daría Su vida.

Pero lo mejor de todo... es que aseguró la relación de Su pueblo con Dios.
Una vez más, las personas podrían estar con Dios. Para siempre, Dios sería su amigo.
Nunca ha habido y nunca habrá un Salvador como este.

Él es diferente a cualquier otro hombre
o mujer que haya venido antes.

Jesús es el perfecto
hombre justo.

Jesús es el perfecto
hombre lleno de fe.

Jesús es el perfecto
Profeta de Dios.

Jesús es el
perfecto conquistador.

Jesús es el
Juez perfecto.

Jesús es el
Rey perfecto.

Jesús es el hombre perfecto
según el corazón de Dios.

Jesús es el
perfecto gran sacerdote.

Jesús es el
perfecto cumplidor de la ley.

Jesús es el
sacrificio perfecto.

Jesús es la perfecta
ofrenda a Dios.

Jesús era y es el prometido,

el perfecto,

el que no quiso ni pudo pecar,

el gran Salvador de los hombres y mujeres.

¿Conoces a este prometido?

¿Has confiado en Él para ser amigo de Dios?

PASAJES BÍBLICOS CLAVES PARA LEER EN
FAMILIA

La creación del mundo: Génesis 1-2

La caída del hombre: Génesis 3

La vida de Noé: Génesis 6-9

La vida de Abraham: Génesis 11-25

La vida de Moisés: Éxodo; Números

La vida de Josué: Josué

La vida de Sansón: Jueces 13-16

La vida de Saúl: 1 Samuel 9-31

La vida de David: 1 Samuel 16-31; 2 Samuel; 1 Reyes 1-2

La vida de Elí: 1 Samuel 1-4

Los Diez Mandamientos: Éxodo 20; Deuteronomio 5

La ley de los sacrificios: Levítico 1-17

La venida de Jesús: Mateo 1-2; Lucas 2; Juan 1

La muerte y resurrección de Jesús: Mateo 27-28; Marcos
    15-16; Lucas 23-24; Juan 19-20

Jesús cumple el Antiguo Testamento: Romanos 5;
    Gálatas 3-4; Colosenses 1; Hebreos 1-10